AF509344

REINE,

CARDINAL

ET PAGE,

COMÉDIE EN UN ACTE, MÊLÉE DE CHANT,

Par M. ANCELOT.

REPRÉSENTÉE POUR LA PREMIÈRE FOIS,
SUR LE THÉATRE NATIONAL DU VAUDEVILLE,
LE 5 DÉCEMBRE 1832.

Prix : **1** FR. **50** C.

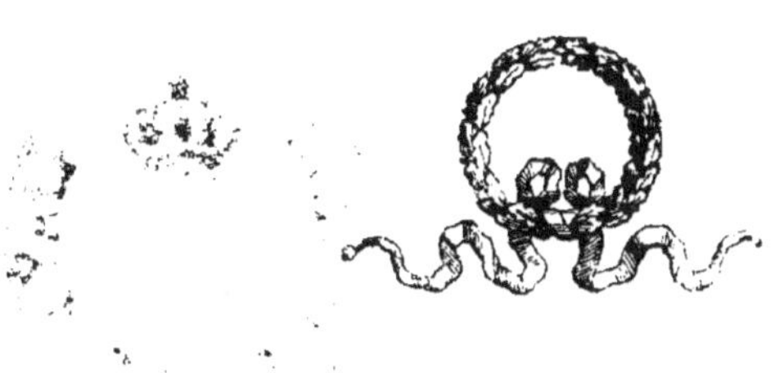

A PARIS,

CHEZ DONDEY-DUPRÉ PÈRE ET FILS, IMPR.-LIB.,
Rue Saint-Louis, N° 46, au Marais,
ET RUE RICHELIEU, N° 47 *bis*, MAISON DU NOTAIRE ;
ET CHEZ MARCHAND, BOULEVART SAINT-MARTIN, N° 12.

1832.

PERSONNAGES. ACTEURS.

LOUIS XIII, roi de France...... MM. HIPPOLYTE.

CARDINAL DE RICHELIEU, premier ministre............... FONTENAY.

DUC DE BUCKINGHAM, ambassadeur d'Angleterre........... ADRIEN.

COMTE D'HARCOURT, page de la reine..................... ÉMILE TAIGNY.

ANNE D'AUTRICHE, reine de France .... Mmes BROHAN.

COMTESSE DE GLARIS, dame d'honneur d'Henriette, femme de Charles Ier.................... A. BEAUCHÊNE.

COMTESSE DE LANNOY, dame d'honneur d'Anne d'Autriche.... ADÈLE ALPHONSE.

UN HUISSIER de la reine......... M^r. CASSEL.

DAMES, SEIGNEURS, etc.

L'action se passe à Paris, en 1625.

NOTA. Les personnages sont placés en tête de chaque scène, comme ils doivent l'être au théâtre ; le premier occupe la droite de l'acteur.

AVIS IMPORTANT.

Le rôle d'Anne d'Autriche appartient exclusivement à l'actrice qui occupe l'emploi dit *les grandes coquettes*. J'engage l'acteur qui sera chargé du rôle de Richelieu, à ne pas le jouer en habits sacerdotaux. Si le mot CARDINAL éveillait quelques scrupules, on peut appeler la pièce ANNE D'AUTRICHE ET BUCKINGHAM.

IMPRIMERIE DE DONDEY-DUPRÉ,
Rue Saint-Louis, N° 46, au Marais.

REINE,
CARDINAL ET PAGE.

Le théâtre représente un salon ouvrant sur d'autres salons. Portes au fond ; portes latérales. Une fenêtre à droite de l'acteur. De chaque côté une table couverte d'un tapis, avec papiers, écritoire, etc. Sur la table à gauche de l'acteur est un riche coffret ; près de chaque table est un fauteuil à dossier très-élevé.

SCÈNE PREMIÈRE.

(*Au lever du rideau la Reine est assise près de la table à gauche de l'acteur ; la comtesse de Lannoy est debout de l'autre côté de la table ; le page est debout vers le milieu du théâtre, un livre ouvert à la main.*)

D'HARCOURT, LA REINE, LA COMTESSE DE LANNOY.

D'HARCOURT, *lisant.*

« ... Et le pauvre écuyer reçut enfin le prix de tant d'amour, » de souffrance et de discrétion : il fut aimé. »

(*Il ferme le livre.*)

LA REINE.

Ce récit m'a vivement intéressée, et je m'applaudis beaucoup de l'idée que j'ai eue, depuis un mois, de charger notre page, M. D'Harcourt, de nous faire chaque matin quelques lectures.

LA COMTESSE.

Une chose seulement m'étonne ; c'est que toutes les histoires que mon jeune cousin a eu l'honneur de lire devant votre majesté, racontent les aventures de pages, écuyers ou simples chevaliers, qui finissent toujours par être aimés de quelques reines ou princesses.

LA REINE.

C'est vrai ; je ne l'avais pas encore remarqué !... Mais c'est vous, ma chère comtesse, à qui j'avais confié le choix des livres.

LA COMTESSE.

Je les ai changés plusieurs fois, et, ce matin, il me semblait bien avoir pris le récit des hauts faits du chevalier Bayard.

LA REINE.

Voyons donc le livre,

D'HARCOURT, *embarrassé.*

Si votre majesté le souhaite, je vais lire autre chose!

LA REINE, *remarquant son embarras.*

Non, monsieur, donnez ce livre.

D'HARCOURT, *remettant le livre en tremblant.*

Le voici!... (*A part.*) Que va-t-elle penser?

LA REINE, *qui a parcouru le livre.*

(*A part.*) Il ne lisait pas!... il inventait!... (*Haut et sévé-rement.*) Monsieur D'Harcourt, je n'aurai plus besoin de vos services pour mes lectures.

LA COMTESSE.

Comment!... Qu'y a-t-il donc?

LA REINE.

Rien, rien!... Mais je ne me soucie plus d'entendre lire : je lirai moi-même. (*A D'Harcourt, en lui lançant un regard sévère.*) Voyons, monsieur, ces papiers que vous m'avez apportés de la part du cardinal de Richelieu. (*Le Page lui remet les papiers.*)

LA REINE, *les parcourant.*

Encore!...

LA COMTESSE.

Quoi donc?

LA REINE.

Regardez : des vers.

LA COMTESSE, *jetant les yeux sur le papier.*

En l'honneur de Votre Majesté?. . Ses charmes, ses vertus, ses belles mains.....

LA REINE.

Conçoit-on que depuis quelque tems je trouve ainsi des vers au milieu de tous mes papiers?... et jusque dans les rapports sur les révoltes des huguenots et le siége de La Rochelle?

LA COMTESSE.

Quand le premier ministre est poète..... (*à demi-voix*) et amoureux peut-être?

LA REINE, *souriant.*

Quelle folie!... Un Cardinal commettre des inconséquen-ces... dignes d'un Page! (*Elle jette un regard sévère sur D'Har-court.*)

D'HARCOURT, *à part.*

Elle m'a deviné!

LA REINE, *à D'Harcourt.*

Voilà, monsieur, une lettre que vous allez copier sur-le-champ; et je vous prie de le faire avec plus de soin qu'à l'ordi-naire. (*Le Page se place à la table à droite, et écrit; la Reine se lève.*)

LA REINE, *à la Comtesse.*

Le Cardinal semble peu disposé à la gaîté : jamais sa mauvaise humeur n'exerça tant d'influence sur l'esprit du Roi que depuis un mois. Ah ! ma chère comtesse, qu'une reine est à plaindre !

LA COMTESSE.

Elle est femme !... Mais il y a quelquefois des malheurs dont les femmes sont si heureuses !... Ah ! le premier ministre serait moins maussade s'il ne trouvait pas tant de grâces, tant de noblesse dans le nouvel ambassadeur d'Angleterre qui est venu chercher en France la princesse Henriette pour la conduire au roi Charles Ier, son époux.

LA REINE.

Vous croyez ?

LA COMTESSE.

Et surtout si cet ambassadeur ne répétait pas sans cesse que la reine de France est la plus belle personne du monde.

LA REINE.

Ah !.. le duc de Buckingham dit cela, comtesse ?...Mais que m'importe ?... on me jette ainsi des paroles de flatterie, on donne des éloges à la beauté d'une femme, on excite sa coquetterie, on vante son bonheur...

AIR *de Téniers.*

Hélas ! pourquoi ne peut-on nous convaincre,
Et nous cacher ce qu'il nous faut souffrir ?
Des longs chagrins que l'ame ne peut vaincre,
En nous flattant on pense nous guérir :
Ah ! si du moins l'erreur où l'on nous plonge
Nous arrachait à la réalité !.....
Mais, à travers l'éblouissant mensonge,
Se montre encor la triste vérité.
On trouve encor la triste vérité.

LA COMTESSE.

Est-ce la reine de France, la belle Anne d'Autriche, qui parle ainsi . et semble mécontente de son sort ?

LA REINE.

Mon sort ?... eh bien ! oui, c'est celui d'une reine ! La contrainte, le devoir, voilà tout !... la vanité peut encore avoir sa part ; peut-être aussi la coquetterie ?... mais n'est-il rien de plus dans l'ame d'une femme ? (*Elle regarde fixement la comtesse, rapproche sa figure de la sienne, et lui dit plus bas :*) S'il lui venait jamais au cœur un désir d'être aimée ?... si jamais l'amour ?...

LA COMTESSE, *effrayée et reculant.*

Ah ! madame !...

LA REINE , *riant.*

Vous tremblez déjà , comtesse?... rassurez-vous, c'est une plaisanterie!... Mais voyez : à cette supposition vous avez pâli!... C'est une belle destinée, n'est-ce pas? elle doit bien exciter l'envie cette femme de vingt ans , qui, seulement en prononçant le mot d'amour, a glacé sa confidente. Allons, remettez-vous , comtesse!... (*Avec ironie.*) Quelle toilette devons-nous choisir pour ce soir? suis-je bien ainsi? ajouterons-nous quelques bijoux?... Essayons ces pierreries!.. . Voilà de quoi remplir le vide du cœur, occuper un tems importun , et charmer une vie inutile.

(*Pendant tout ce tems , le Page, occupé à écrire , a, de moment en moment, prêté l'oreille et montré qu'il prenait part à ce qui s'est dit.*)

LA COMTESSE , *avec affection.*

Ah! Madame, je ne vous vis jamais ainsi, et je m'afflige!... Quand les biens qu'on possède cessent de plaire, c'est qu'on désire une chose impossible à posséder.

LA REINE , *la regardant, et paraissant ne pas vouloir répondre.*

Si je mettais cette agrafe de diamans? (*Elle tire l'agrafe du coffret qui est sur la table.*)

LA COMTESSE.

C'est un don magnifique du roi Louis XIII; et il n'y a pas une semblable parure dans tout Paris.

LA REINE.

Ne m'avez-vous pas dit, monsieur D'Harcourt, que, dans le tems, vous aviez été chargé de cette affaire par le roi? Il y a quelque chose de singulier à ce sujet, il me semble?

D'HARCOURT , *s'approchant.*

Oui, madame; sa majesté savait que je connaissais le fameux joaillier Cardillac, et je fus envoyé pour qu'il remît enfin ce bijou : il l'avait travaillé avec tant de soin , il était si passionné de son ouvrage qu'il ne voulait plus le céder à quelque prix que ce fût. Je l'eus enfin!... mais je sais que plusieurs personnes de la cour ont vainement essayé d'en obtenir de lui un tout semblable qu'il conserve, dit-on ; c'est un homme singulier, dont le caractère bizarre a fait souvent parler.

LA REINE.

Bien, monsieur D'Harcourt; retournez à votre travail. (*D'Harcourt va se rasseoir et écrire.*) (*A la Comtesse.*) Je vais aujourd'hui me parer de ces diamans.

LA COMTESSE.

Ce présent est une preuve du désir de vous plaire qui occupe votre royal époux.

LA REINE, *dédaigneusement.*

Me plaire?... à moi?... et mes filles d'honneur?

LA COMTESSE.

Oh!... la calomnie seule...

LA REINE.

Il les courtise par ennui, les délaisse sans raison, ne sa-
chant ce qu'il veut, ni ce qu'il craint; triste, inquiet et sombre,
supportant avec humeur et dépit le joug de Richelieu, auquel il
n'a pas le courage de se soustraire... Qu'attendre de sa faiblesse?... que peut-il pour le bonheur des autres, lui qui n'a
pas même la force de vouloir le sien?

LA COMTESSE.

Ah! madame!...

LA REINE.

Pardonnez, chère comtesse!... vous êtes la seule personne
au monde à qui j'ose parler avec confiance ; et ces pensées qui
m'affligent souvent se sont, depuis quelques jours, tellement
pressées et agitées dans mon ame, que je n'ai plus la force de
les contenir!... Je souffre!... (*Tout-à-coup l'expression de sa
figure change.*) Mais il faut du courage!... Allons, imaginons
quelque fête pour ce soir; je donne bal, je reçois, je ne veux
pas rester oisive aujourd'hui!...

AIR : *Amis, voici la riante semaine.*

Autour de moi je veux que tout s'agite,
Que mille jeux enchantent nos loisirs ;
De notre cour qu'on assemble l'élite,
Du mouvement, du bruit et des plaisirs!
Par là, dit-on, à l'ennui qui les presse
Il est des gens qui savent échapper;
Pour du bonheur ils prennent cette ivresse!.....
Peut-être aussi mon cœur va s'y tromper!

(*Au Page.*) Voyez, monsieur D'Harcourt, y a-t-il du monde?
faites entrer. (*D'Harcourt sort un instant.*)

LA COMTESSE, *à part.*

Pauvre femme!... que je la plains!

LA REINE.

Il doit être venu quelqu'un?

D'HARCOURT, *rentrant.*

Les dames et les officiers de service! (*La Reine semble attendre.*) Quelques grands dignitaires! (*La Reine attend encore.*)
L'ambassadeur d'Espagne!

LA REINE, *d'un air mécontent.*

C'est tout?

D'HARCOURT.

Oui, Madame !... Ah ! j'oubliais un gentilhomme de l'ambassade d'Angleterre : il attend le moment où le duc de Buckingham pourra être reçu par votre majesté.

LA REINE, *vivement.*

Et pourquoi ne le dites-vous pas ?... En vérité, vous êtes d'une étourderie impardonnable !... Il peut venir à l'instant. (*D'Harcourt va dire quelques mots dans le fond, puis revient ; la Reine s'est approchée de la table de droite, et semble donner son attention aux papiers dont le Page s'est occupé précédemment.*)

LA COMTESSE, *à la Reine.*

Il me semble que l'ambassade se prolonge au-delà du terme fixé d'abord.

D'HARCOURT, *revenu et placé près de la Comtesse.*

Ah ! de plus d'un mois !... c'est singulier !

(*La Reine le regarde sévèrement.*)

LA COMTESSE.

Les préparatifs du mariage qu'il est venu célébrer au nom du roi son maître ont sans doute nécessité ce retard.

D'HARCOURT, *avec humeur et ironie.*

Il paraît qu'il ne partira pas.

LA COMTESSE.

Toute la cour en raffole : il est si beau, si brillant !... Ses manières sont si gracieuses et si nobles.

D'HARCOURT.

Ah ! ma cousine, sa fatuité, son arrogance...

LA REINE, *avec colère.*

En vérité, monsieur D'Harcourt, vous vous permettez des expressions.... vous abusez étrangement de mes bontés pour vous, et de la liberté que je vous accorde !..... oser parler ainsi du duc de Buckingham ! .. (*Se reprenant, et avec plus de calme.*) d'un ambassadeur !... Savez-vous bien, monsieur, que c'est un tort grave de manquer de respect à un homme comme lui ? Il représente le roi d'Angleterre.

LA COMTESSE, *à part.*

Comme elle le défend !

D'HARCOURT, *bas à la Comtesse.*

Je ne puis le souffrir.

LA COMTESSE, *l'examinant.*

Vous ne pouvez le souffrir ?... (*A part.*) Et la Reine prend sa défense !...

UN HUISSIER, *annonçant.*

Sa grâce le duc de Buckingham. (*Il entre, salue la Reine.*)

L'HUISSIER, *annonçant.*

Son éminence le cardinal de Richelieu.

LA COMTESSE , *à part.*

Il l'a suivi de près. (*Elle sort.*)

SCÈNE II.

BUCKINGHAM, LA REINE, RICHELIEU, D'HARCOURT , *dans le fond.*

RICHELIEU.

Que votre majesté me pardonne un empressement trop vif peut-être !... Comment modérer le dévoûment à sa souveraine, quand c'est la beauté qui règne ?

LA REINE.

Un langage aussi galant sied-il à votre habit, monsieur le Cardinal ?

BUCKINGHAM.

J'ai envie, moi, d'accuser son éminence de n'avoir pas découvert en plusieurs années ce que nous avons vu le premier jour de notre arrivée ici : c'est qu'il peut exister un mérite tellement supérieur qu'il est au-dessus même de la louange.

RICHELIEU , *souriant.*

Vous oubliez, monsieur le Duc, que nous sommes dans l'usage de louer Dieu.

BUCKINGHAM, *lançant un coup-d'œil furtif vers la Reine.*

Moi je me contente de l'adorer.

RICHELIEU.

En silence ?

BUCKINGHAM.

En silence.

LA REINE , *souriant.*

Dieu ne voit-il pas le fond des cœurs ?

RICHELIEU , *à part.*

Ils s'entendent.

D'HARCOURT , *à part.*

Heureux Buckingham !

RICHELIEU.

Savez-vous, monsieur l'ambassadeur, que je quitte à l'instant un des objets de vos adorations !

BUCKINGHAM , *souriant.*

J'ai peur que vous ne vous trompiez , monsieur le Cardinal.

RICHELIEU.

Et qui se réjouit de quitter enfin la France avec vous..... après-demain.

LA REINE.

Après-demain !... vous partez ?

Reine , Cardinal et Page. 2

BUCKINGHAM.

Ici, je l'avais oublié !... Comment se souvenir de ce qui afflige ?

RICHELIEU.

La comtesse de Glaris ne l'oublie pas, et la jeune reine d'Angleterre, dont elle a gagné les bonnes grâces, se propose de célébrer votre mariage aussitôt après son arrivée à Londres : elle veut ainsi vous témoigner à tous deux sa bienveillance.

LA REINE.

Ah !...

BUCKINGHAM, *à part.*

La Reine a pâli !... je suis aimé !... (*Haut.*) Je vous remercie, monsieur le Cardinal, pour ce que je viens d'apprendre grâce à vous !... Vous ne savez pas tout ce que je vous dois.

AIR *du Passe-Partout.*
Croyez à ma reconnaissance !
D'un bonheur qui doit m'enchanter,
Mon cœur tremblant repoussait l'espérance,
Mais, grâce à vous, je n'en puis plus douter.
Pour tenir les clés de saint Pierre,
Votre Eminence aujourd'hui peut s'offrir :
Je rêvais le ciel sur la terre,
Et vous venez de me l'ouvrir.

D'HARCOURT, *à part.*

Le fat !...

RICHELIEU, *à part.*

Eh mais ! il se réjouit !... me serais-je trompé ?

L'HUISSIER, *annonçant.*

Le Roi !...

SCÈNE III.

BUCKINGHAM, LA REINE, LE ROI, RICHELIEU, D'HARCOURT, *dans le fond.*

LE ROI, *entrant par la porte de droite, des papiers à la main.*

Enfin, vous voilà, monsieur le Cardinal !...Madame, recevez mes hommages. Monsieur le Duc, je vous salue.

LA REINE.

Je remercie votre majesté du soin qu'elle veut bien mettre à me chercher.

LE ROI.

Si je ne me trompe, vous semblez mécontente ?

LA REINE.

Moi ?... non, sire !...

LE ROI.

Oh! pardonnez-moi!... Mais, avant tout, les affaires. Savez-vous que vous avez donné, ces jours-ci, tant d'humeur et de découragement au Cardinal, qu'il lui a pris fantaisie de me laisser tout le poids du travail.

LA REINE.

Ah! sire! quel bonheur si, vous en rapportant à vous-même du soin de votre royaume, vous gouverniez par vos lumières?... N'est-ce donc pas le plus grand bien du monde?... Régner!...

LE ROI.

Des avis deviennent quelquefois nécessaires ; et des affaires que vous seul pouvez éclaircir, monsieur le Cardinal, m'embarrassent et me fatiguent. (*A Buckingham.*) Monsieur l'ambassadeur vient prendre de la Reine son audience de congé? .. Ah! ce sera une ambassade mémorable que la vôtre!... et personne, à la cour de France, n'oubliera le brillant et magnifique duc de Buckingham, je vous assure.

RICHELIEU, *ironiquement.*

Certes, nos jeunes seigneurs se souviendront que, malgré leurs folies, on peut les surpasser en luxe et en profusion. Ils se parent de bijoux et de perles, mais aucun d'eux ne les jette sur ses pas pour laisser à la foule le soin de les ramasser.

LE ROI.

Et c'est ce que nous avons vu faire à votre grâce, duc de Buckingham ! Cette munificence l'emporte sur celle d'un souverain. De notre tems, à vrai dire, il est plus d'un sujet qui veut avoir le pas sur son maître, ce dont parfois les rois ont grand ennui.

RICHELIEU.

Il en est aussi qui n'ont qu'une pensée : la gloire et la puissance de celui qu'ils servent.

LE ROI, *affectueusement.*

Oui, oui, et les rois ne seront pas ingrats. Écoutez un peu, monsieur le Cardinal : une affaire importante m'occupe..... (*Le Roi va s'asseoir près de la table de gauche ; Buckingham, de l'autre côté, s'est rapproché de la Reine qui s'est assise près de la table à droite ; le Cardinal, remarquant ce mouvement, voudrait se rapprocher d'eux ; le Roi le retient, et dit :*) Laissons la Reine recevoir l'ambassadeur, et profitons des instans ; ce que j'ai appris m'inquiète. (*A demi-voix.*) Nos troupes ont encore reçu un échec sous les murs de La Rochelle, et..... (*Il continue de parler tout bas à Richelieu, qui est distrait, et par ses gestes témoigne qu'il voudrait entendre ce que disent Buckingham et la Reine : le Page est dans le fond, au milieu, et donne aussi une grande attention à la conversation particulière de Buckingham.*)

BUCKINGHAM, *à demi-voix.*

Oui, Reine, un mot, et cette absence ne durera pas : je reviens avant peu, si vous y consentez.

LA REINE, *à demi-voix.*

Et votre mariage ?

BUCKINGHAM, *à demi-voix.*

Il ne peut se faire ; je n'aime pas la comtesse de Glaris.

LA REINE, *à demi-voix.*

Votre ministère, votre puissance à Londres ?

BUCKINGHAM, *plus haut.*

Je quitte tout pour l'ambassade de France.

RICHELIEU.

(*Il a paru écouter ce que le Roi lui dit bas ; mais par le fait il n'a prêté l'oreille qu'à la conversation de la Reine ; il entend les derniers mots de Buckingham, et s'écrie :*) Alors nous déclarons la guerre à l'Angleterre.

LA REINE.

La guerre !

BUCKINGHAM.

La guerre !

LE ROI.

Que dites-vous là, monsieur le Cardinal ? la guerre !... y pensez-vous ?

RICHELIEU.

Sans doute !... Le parlement veut accorder des secours aux huguenots.

LE ROI.

Mais...

RICHELIEU.

Et la guerre sera peut-être le seul moyen d'écarter les dangers qui menacent votre majesté.

LE ROI.

Des dangers ?...

RICHELIEU.

Sire, ils sont plus pressans que vous ne l'imaginez.

BUCKINGHAM, *au Roi.*

Il n'est point de sacrifices que le roi, mon maître, ne soit disposé à faire pour maintenir la paix que son mariage vient de sceller.

LE ROI.

J'espère bien aussi, quoiqu'en dise M. le Cardinal, que rien ne la troublera, et croyez que je place le choix fait par le roi d'Angleterre du duc de Buckingham pour le représenter ici, au nombre des raisons d'amitié qui existent entre nous.

RICHELIEU , *à part.*

Le pauvre homme !

LE ROI.

J'ai entendu vos dernières paroles, milord, et je serai charmé que vous nous prouviez votre satisfaction de notre accueil en revenant au même titre pour un plus long séjour.

BUCKINGHAM.

C'est mon plus grand désir.

RICHELIEU , *à part.*

Nous l'empêcherons bien.

LE ROI, *à demi-voix à Richelieu.*

Que diable ! Cardinal, où avez-vous donc l'esprit ? je suis obligé de réparer vos gaucheries !... Mais aussi ma diplomatie n'est pas maladroite.

RICHELIEU.

Oh certes !... (*A part.*) Il ne verra rien !

LE ROI.

Écoutez-moi donc !... (*Il parle bas à Richelieu qui lance toujours des regards inquiets du côté de la Reine ; le Page suit tous ses mouvemens.*)

BUCKINGHAM , *à demi-voix.*

Vous le voyez, Madame, Sa Majesté désire mon retour : daignez l'autoriser, et mes vœux sont comblés.

LA REINE , *à demi-voix.*

Y songez-vous, milord ?

D'HARCOURT , *à part, surveillant Richelieu.*

Comme il regarde !

BUCKINGHAM , *à demi-voix.*

Puis-je supporter la vie, si vous seule me bannissez ?

LA REINE.

Milord !...

D'HARCOURT , *à part.*

La Reine est émue !...

BUCKINGHAM , *à demi-voix.*

Parlez !... c'est ma mort, c'est ma vie que vous allez décider.

LA REINE, *à part.*

Comment cacher ce qui se passe là ?

BUCKINGHAM , *à demi-voix.*

Vous vous taisez ?...

(*D'Harcourt qui surveille tous les mouvemens de Richelieu, le voit quitter le Roi, qui s'est rassis et est occupé à lire les papiers qu'il tenait à la main, et s'approcher de la Reine.*)

D'HARCOURT, *à part.*

Elle est perdue!... (*Il s'avance précipitamment entre la Reine et Richelieu.*) Madame!...

LA REINE, *étonnée.*

Eh bien?

D'HARCOURT.

J'ai cru que votre majesté m'appelait.

LA REINE, *se levant.*

En vérité, monsieur D'Harcourt, vous devenez fou. (*A part.*) Espionnée de tous côtés !

(*Au mouvement du Page, Richelieu s'est arrêté avec dépit, et est retourné près du Roi. Le Page sort.*)

LE ROI.

Ah ça ! Cardinal, qu'avez-vous donc aujourd'hui?... vous ne m'écoutez pas ?... c'est moi qui m'efforce en vain de vous faire prendre une décision dont la promptitude peut seule assurer le succès, et vous semblez occupé d'autre chose?

BUCKINGHAM, *souriant.*

Un premier ministre cardinal gouverne les choses de la terre et celles du ciel ; il a bien des affaires en tête !.. Il veut connaître et diriger à son gré les cœurs comme les actions, le spirituel et le temporel, n'est-il pas vrai?

RICHELIEU.

Oui, milord, et rien ne lui échappe.

LE ROI.

C'est fort bien ; mais l'objet dont je vous parlais ne peut se remettre, et nous allons passer dans notre cabinet ; suivez-moi, monsieur le Cardinal. Madame, vous pouvez recevoir les adieux de Sa Grâce, et, je vous prie, insistez pour son retour. A revoir, monsieur l'ambassadeur.

RICHELIEU, *à part.*

Les laisser seuls!... il est aussi trop aveugle!...

LE ROI, *qui a fait un mouvement pour sortir, s'arrête.*

Eh bien! monsieur le Cardinal, ne m'obéirez-vous pas au moins une fois ?

RICHELIEU.

Sire, je vous suis. (*Dans son trouble, il va passer devant le roi ; il le heurte et recule.*)

LE ROI, *avec humeur.*

Passez, monsieur, passez!... ne sait-on pas que vous êtes le maître ici ?

RICHELIEU.

Ah ! sire... mon trouble...

LE ROI, *sèchement.*

Passez donc!...

RICHELIEU, *prenant un flambeau sur la table de gauche.*

Votre majesté l'ordonne?... ce sera donc comme le dernier de ses serviteurs.

LE ROI, *souriant.*

Ah !... c'est s'en tirer en homme d'esprit. Allons travailler, mon cher Cardinal.

(*Le Roi et Richelieu sortent par la porte de droite.*)

SCÈNE IV.

BUCKINGHAM, LA REINE.

LA REINE, *à part.*

Ah ! surtout ne disons rien !

BUCKINGHAM, *à part.*

Il faudra bien qu'elle parle.

LA REINE. *Elle s'assied à gauche.*

Ainsi, vous nous faites espérer, milord, que le parlement ne prêtera pas son appui à des rebelles, et que la paix pourra n'être point troublée?

BUCKINGHAM.

En doutez-vous, Reine?... Ai-je donc si mal exprimé ma pensée, ou Votre Majesté est-elle si insouciante de la connaître, qu'elle puisse douter qu'un désir de la reine de France ne soit un ordre pour Buckingham?

LA REINE.

La guerre de la Ligue a tellement agité les premières années de notre règne, que, pour nos sujets comme pour nous, le repos est devenu un besoin et le premier des biens.

BUCKINGHAM.

Rien désormais ne pourra le détruire ; car une fois sans inquiétude sur sa puissance, une Reine ne peut éprouver d'émotions !... sa vie est un ciel sans nuages ; elle ignore qu'il est des passions sur la terre.

LA REINE.

Elle ne doit pas le savoir.

BUCKINGHAM.

Ah ! si c'était le devoir seul qui lui prescrivît de l'ignorer?

LA REINE.

Vous espérez donc que votre retour à Londres changera des dispositions un peu hostiles?...

BUCKINGHAM.

Votre Majesté n'a-t-elle pas ordonné?... Mais pourquoi faut-il qu'elle ait le droit de commander?... pourquoi ce diadême qui annonce sa puissance?... n'est-elle pas plus forte mille fois avec un regard qu'elle laisse tomber?

LA REINE, *souriant*.

Vous croyez?

BUCKINGHAM.

Pourquoi un sceptre en des mains si belles, que l'admiration précède toujours l'obéissance et la rend trop facile.

LA REINE, *avec un sourire*.

Ainsi, je n'ai qu'à vouloir?

BUCKINGHAM.

Un mot prononcé par cette voix si douce, et les plus rebelles seront à vos pieds. (*Il fait un mouvement pour s'agenouiller; la Reine, un peu troublée, l'arrête.*)

LA REINE, *avec émotion*.

Duc de Buckingham!... (*D'un ton plus sévère.*) Monsieur l'ambassadeur!... (*Elle se lève.*)

BUCKINGHAM.

Toutes les puissances de la terre, se prosternant devant vous, n'éveilleraient-elles donc que la colère?... un peu de pitié ne viendrait-il pas adoucir leurs maux?

LA REINE, *souriant pour cacher son trouble*.

De la pitié pour ceux qui excitent tant d'envie!

BUCKINGHAM, *tristement*.

L'envie!...

LA REINE.

Si la renommée ne nous a point abusée, de nombreuses et brillantes conquêtes à la cour de Londres...

BUCKINGHAM.

A Londres?... oui!... cela se peut!... mais qu'importe? l'impossible seul a du prix à mes yeux!

LA REINE.

L'impossible?...

BUCKINGHAM.

Oui, l'impossible!... Je pourrais sans doute obtenir l'amour de quelque jeune et belle femme, qui accorderait en même tems une portion de son cœur à la vanité, une autre à l'ambition, et donnerait quelque chose encore à des calculs d'intérêt et de fortune!... L'amour est-il donc là comme je l'éprouve, comme je le comprends?... oh! non... Mais faire naître la sympathie dans le cœur de celle qui, placée au-dessus des autres, n'a jamais senti le bonheur de partager les émotions qu'elle inspire; lui apprendre que vivre c'est animer une autre ame, voir s'y réfléchir ses sentimens et ses idées!... ah! ce serait là le comble de la félicité, de l'amour, du délire!... car une telle femme accorderait tout à la seule fidélité du cœur, à une affection mutuelle, au bonheur d'aimer et d'être aimée.

LA REINE, *émue.*

Ne parlez pas ainsi !.. de telles pensées ne peuvent pas, ne doivent pas naître ; elles ne doivent pas être comprises !...
Voir partager des émotions qu'il faut toujours comprimer ou cacher ; sentir un cœur dévoué qui ne battrait que pour nous ! oh ! non, non, duc de Buckingham, ne dites pas que cela se pourrait !... mais bien plutôt dites, répétez sans cesse que c'est impossible.

BUCKINGHAM.

Oui !... parce qu'aucun homme n'est digne de ce bonheur ! parce que la fortune a placé trop haut l'objet de tant d'amour.

LA REINE, *essayant de cacher son émotion.*

N'est-il pas des hommes que leurs talens placent plus haut que la fortune des rois ?

B CKINGHAM.

Le pensez-vous ?

LA REINE.

Si je le pensais ?

BUCKINGHAM.

Un cœur fidèle saurait jusqu'au tombeau se dévouer à celle qu'il adore.

LA REINE.

Un tel amour n'existe pas.

BUCKINGHAM.

Si seulement cet amour pouvait s'exprimer sans déplaire ?

LA REINE.

S'il déplaisait, feindrait-on de ne pas l'entendre ?

BUCKINGHAM.

Au nom du ciel ! encore un mot !...

LA REINE.

Ah !... ne me forcez pas à tout dire.

BUCKINGHAM.

Laissez-moi donc tout deviner.

LA REINE, *le regardant avec une tendre émotion.*

Buckingham !... oh ! gardez bien mon secret !...
(*Elle cache sa figure dans ses mains et va s'asseoir à gauche.*)

BUCKINGHAM.

Rois de la terre, enviez mon bonheur ! il est plus haut que votre puissance, plus grand que votre fortune ! le monde entier n'a rien qui l'égale !... Je me sens digne d'une noble destinée ! un mot m'a élevé au-dessus de tous les hommes ; il n'est rien maintenant que je ne puisse entreprendre !... talens, vertus, bonheur ; tout m'est donné par elle !

LA REINE.

Mon Dieu !... mon Dieu !...

BUCKINGHAM , *très-tendrement.*

Madame!... est-il vrai?... (*La Reine lève la tête, le regarde et lui tend la main, qu'il porte à ses lèvres.*) Ah! que je suis heureux!... mon ame est remplie de joie, d'ivresse, de folie!... Je voudrais vous voir heureuse comme moi!... je voudrais que le monde entier fût heureux!... Si quelque infortuné réclamait un secours, un bienfait, ah! que mon ame serait disposée à l'écouter!... Le bonheur qui me transporte est au-delà de ce que je peux supporter avec ma raison!... Un tel bien, c'est trop pour un mortel!... Chère et belle Reine!... que ne puis-je répandre autour de moi la joie, les trésors!... Ah!... (*Il détache une aiguillette de diamans placée à son épaule.*)

LA REINE.

Que faites-vous?

BUCKINGHAM.

Voyez ces diamans!... ils sont d'un prix immense... (*Il s'approche de la fenêtre et jette les diamans.*) Qu'ils fassent la fortune de quelqu'un!... que cet instant où je fus si heureux soit encore béni par un autre que moi!...

LA REINE.

Ah!... Buckingham!... qu'est-ce qu'un trône comparé au bonheur de posséder un cœur tel que le vôtre?

BUCKINGHAM , *se jetant à ses pieds.*

Ce cœur est à vous seule!... disposez à jamais de mes pensées et de ma vie.

LA REINE.

Pour vous seul aussi le cœur d'Anne d'Autriche aura eu une pensée d'amour!... pour vous seul elle aura cessé d'être reine!... elle aura eu un jour de bonheur!

BUCKINGHAM.

Quel beau jour!...

LA REINE,

Qu'un gage toujours présent vous le rappelle sans cesse!... Cette agrafe, que je la remplace par celle que je porte!... (*Elle détache l'agrafe de diamans qui est à son corsage et la place sur l'épaule de Buckingham, qui est à genoux devant elle ; au moment où l'agrafe est attachée et où le Duc vient de baiser la main de la Reine, D'Harcourt entre précipitamment.*) Dieu!...

BUCKINGHAM , *à part.*

Maudit page!...

LA REINE, *avec colère.*

Encore!... Que venez-vous faire ici?... Sortez.

D'HARCOURT.

Madame!... Son Éminence le cardinal de Richelieu.

LA REINE.

Ah !...

RICHELIEU, *entrant.*

Qui vous a prié de m'annoncer ?

BUCKINGHAM, *à part.*

Sans le Page, il arrivait bien ! (*D'Harcourt se retire.*)

SCÈNE V.

BUCKINGHAM, RICHELIEU, LA REINE.

LA REINE, *qui a composé son visage.*

Monsieur le Cardinal, le Roi et toute la cour ne tarderont
pas à se rendre ici pour le bal : vous trouverez bon que je me
retire chez moi jusqu'à leur arrivée.

(*Elle sort par la porte à gauche.*)

RICHELIEU.

Je demande pardon à Sa Grâce le duc de Buckingham !...
je suis venu peut-être... mal à propos ?

BUCKINGHAM.

Qu'importe ?

RICHELIEU.

On sait que dans les affaires d'état, comme dans les affaires
d'amour, les difficultés n'effraient pas Votre Grâce.

BUCKINGHAM.

Elles m'amusent presque autant que la mauvaise humeur d'un
rival dédaigné.

RICHELIEU.

Ah !...

BUCKINGHAM.

Mais je m'en voudrais d'occuper un tems réclamé par tant
de soins divers, et je salue Votre Eminence avec un profond
respect.

Air *Walse du Mari par intérim.*

De grands desseins préoccupent votre ame ;
Sur votre front je crois lire l'ennui ;
Du monde entier quand le sort vous réclame,
Je ne veux pas vous disputer à lui.

(*A part.*) Ici bientôt le plaisir me ramène ;
Quel heureux sort m'attend pendant le bal !
Là, je verrai me sourire une reine,
Là, se donner au diable un cardinal.

ENSEMBLE.

De grands desseins, etc.

RICHELIEU.

Certain projet préoccupe mon ame,
Mais je saurai l'accomplir aujourd'hui ;
De me venger quand le soin me réclame,
Un imprudent doit prendre garde à lui.

SCÈNE VI.

RICHELIEU, *seul.*

L'insolent!... Et le Roi, le Roi qui ne veut rien voir!... Je suis parvenu pourtant à jeter quelques inquiétudes dans son ame!... oh! il faudra bien qu'il l'éloigne, qu'il le chasse!... La guerre, plutôt mille fois la guerre, que cet arrogant ambassadeur!... Quoi! cette femme si belle, si hautaine!... ah! que de soins pour écarter d'elle tout ce qui pourrait trouver les moyens de lui plaire!... Je l'ai devinée; son cœur a besoin d'affections!.... et moi.... moi seul.... la reine de France!... Qu'il y avait d'orgueil dans le regard de ce Buckingham... comme il semblait heureux, et sûr de son succès!... Quelque preuve, quelque gage échappés à l'imprudence de la Reine auraient-ils... Je l'ai bien examinée, et, si je ne me trompe, certain bijou, qui brillait à son corsage quand il est entré, n'a plus frappé mes yeux... S'il était possible?.... Il est si fat que j'aurais bientôt son secret.... et alors... alors je serais maître d'elle... Oui!... le bonheur ou la vengeance!

SCÈNE VII.

LE ROI, *entrant par la porte de droite,* RICHELIEU.

LE ROI.
Eh bien! mon cher Cardinal, déjà chez la Reine !

RICHELIEU.
Peut-on mettre trop d'empressement pour une fête que Sa Majesté a préparée?... Mais quel air soucieux, Sire ?

LE ROI.
Oui, les soupçons qui vous sont venus à l'esprit sur le duc de Buckingham...

RICHELIEU.
Oh ! ce n'est pas moi, Sire!... Votre Majesté seule...

LE ROI.
C'est vrai!... mais vous m'avez fait remarquer l'inquiétude que j'éprouvais.

RICHELIEU.

Je me suis étonné seulement du trouble qui agitait Votre Majesté ; car, pour que je pusse concevoir une telle pensée, il faudrait qu'une preuve irrécusable...

LE ROI.

Sans doute !.... et cela est impossible !... la Reine est un peu coquette, un peu vaine de sa beauté, mais elle est si fière !...

RICHELIEU.

A qui le dites-vous, Sire?

LE ROI.

Enfin, monsieur le Cardinal, si je vous disais que, même avec moi, moi le Roi, elle a parfois un air dédaigneux qui m'impose !... Et un ambassadeur !... ah ! ah !... ah ! j'étais fou !

RICHELIEU.

Vous croyez ?...

LE ROI.

C'est comme si l'on me disait que vous... Mais, non, pourtant, non, c'est différent, parce qu'un homme d'épée... Et puis, le Duc est fort bien !

RICHELIEU.

Il est vif, léger, entreprenant !...

LE ROI.

Soit !... mais la reine de France !... Allons, allons, c'est une étrange folie qui nous avait passé par la tête ; n'y pensons plus !... Et, je vous en prie, n'ayez plus de querelles avec la Reine, parce que, voyez-vous, c'est moi qui en souffre !... Je me suis vu forcé à un travail inouï !... j'ai essayé de me passer de vous.

RICHELIEU.

Il paraît que Votre Majesté ne s'en est pas bien trouvée?

LE ROI.

Je dois en convenir, la fatigue m'accable, et je voudrais bien me dispenser de ce bal ; mais la Reine ne me le pardonnerait pas !... Je vais entrer chez elle, et obtenir du moins la permission de n'y pas rester long tems.

(*Il entre chez la Reine, à gauche.*)

SCÈNE VIII.

RICHELIEU, *seul.*

Rendez-lui donc des services !... Comment compter sur ce faible monarque ?... Il faudra pourtant bien qu'il demeure en ma puissance !... Si la naissance m'a mis au-dessous d'eux,

mon génie m'a donné le droit de leur commander!... Oui,
tout m'obéira ici!... tout!... même cette femme si fière!...
Ah! on arrive!... ne laissons rien échapper.

*(Les portes s'ouvrent; D'Harcourt et d'autres pages entrent. La
comtesse de Lannoy et d'autres dames d'honneur sortent de chez
la Reine; un huissier annonce dans le fond.)*

UN HUISSIER, *annonçant.*

M. le grand-Écuyer; M. le duc d'Épernon, Mme la du-
chesse de Chevreuse, M. de Marillac, M. de Bassompierre.

*(Ils entrent tous, et après avoir salué le Cardinal, se rangent dans
le salon.)*

L'HUISSIER.

Mme la comtesse de Glaris.

RICHELIEU, *à part.*

La prétendue de Buckingham!.... ah! je l'attendais.

SCÈNE IX.

LA COMTESSE DE GLARIS, RICHELIEU, FOULE DE
COURTISANS, *dans le fond et sur les côtés,* D'HARCOURT.

RICHELIEU, *allant au-devant de la comtesse de Glaris.*

La belle comtesse de Glaris permet-elle que je lui présente
mes respectueux hommages?

LA COMTESSE DE GLARIS.

Vous savez, monsieur le Cardinal, qu'au milieu de cette cour
brillante vous êtes une des personnes que je vois avec le plus de
plaisir.

RICHELIEU.

J'ai peur que ce ne soit pas dire beaucoup, car vous semblez
bien empressée de la quitter.

LA COMTESSE DE GLARIS.

Ces cérémonies, ces fêtes, cette foule, ont fini par m'affliger,
car elles ne laissent point de tems pour s'occuper des gens qu'on
aime.

RICHELIEU.

Ils sont eux-mêmes si occupés!

LA COMTESSE DE GLARIS.

Vous, monsieur le Cardinal, qui savez quels liens doivent
avant peu m'unir au duc de Buckingham, je ne crains pas de
vous exprimer mes inquiétudes et mon chagrin.

AIR : *Un Page aimait la jeune Adèle.*

Dans cette cour l'ingrat qui me délaisse
Ne parle plus de notre heureux hymen;
Et, triomphant enfin de ma faiblesse,
Je veux parfois renoncer à sa main.

RICHELIEU.

Gardez-vous-en! c'est moi qui vous en prie!
Dans vos liens il le faut engager!
Redoublez de coquetterie,
Ne fût-ce que pour m'obliger.

LA COMTESSE.

Allons, puisque l'église me l'ordonne, je tâcherai d'obéir à
ses commandemens.

RICHELIEU.

S'il est distrait ici, il reviendra uniquement à vous, dès que
l'énivrement de ses succès dans cette cour sera passé; mais il
faut partir!. . Je ne vous cache pas qu'il est urgent de l'em-
mener.

LA COMTESSE DE GLARIS.

Et comment empêcher un nouveau retard ?

RICHELIEU.

Si vous le vouliez bien !

LA COMTESSE DE GLARIS.

Si je le veux ?

D'HARCOURT, *à part, les observant.*

Que disent-ils ?

LA COMTESSE DE GLARIS.

Quitter la France, avec le duc de Buckingham, voilà ma
seule pensée, mon seul désir en ce moment.

RICHELIEU.

Eh bien! il est possible que je le force à partir ce soir même.

LA COMTESSE DE GLARIS.

Est-il vrai?.... Ah! des droits éternels à ma reconnaissance !

RICHELIEU.

Mais il faudra me seconder.

LA COMTESSE DE GLARIS.

De tout mon pouvoir.

D'HARCOURT, *à part.*

Quelque complot contre la Reine!... et je ne peux rien entendre !

L'HUISSIER, *annonçant.*

Sa Grâce le duc de Buckingham, ambassadeur d'Angleterre.

SCÈNE X.

LES MÊMES, BUCKINGHAM, *puis* LA REINE.

BUCKINGHAM.

Madame, veuillez agréer mes salutations.

L'HUISSIER.

Messieurs, la Reine !

LA REINE.

Je vous remercie de votre empressement à venir à cette fête donnée dans mes appartemens; le Roi désire que son absence ne nuise point à nos jeux; nous danserons donc sans apparat, et pour notre plaisir. Le faste, l'éclat m'ont souvent fatiguée ; ils effarouchent toujours la joie, et le bonheur n'a pas besoin d'eux.

BUCKINGHAM.

Jamais fête a-t-elle réuni rien d'aussi beau, d'aussi énivrant?

(*Il y a échange de regards entre la Reine et lui.*)

D'HARCOURT. *à part.*

Qu'il est heureux !

(*Richelieu examine avec la plus grande attention toute la toilette de Buckingham, et reconnaît à son épaule les diamans de la Reine.*)

RICHELIEU, *à part.*

Ah !... j'avais deviné !

LA REINE, *cherchant à détourner l'attention de Richelieu.*

Eh bien ! monsieur le Cardinal ?

RICHELIEU.

Rien n'égale la magnificence de Sa Grâce le duc de Buckingham : chaque jour on remarque quelque chose de nouveau, d'inattendu dans sa parure.

D'HARCOURT, *à part.*

Dieu !... c'est l'agrafe de la Reine !...

LA REINE.

Ces futilités peuvent-elles attirer l'attention d'un premier ministre ?

BUCKINGHAM, *avec hauteur.*

C'est aller au-delà de son devoir.

RICHELIEU.

Mais, milord, chacun se renferme-t-il exactement dans le sien ?

LA REINE.

Allons, que le bal commence.

(*Elle offre la main à Buckingham; ils disent quelques mots tout bas. On se place pour les danses.*)

RICHELIEU, *amenant la comtesse de Glaris sur le devant.*

Comtesse, le moment est venu.

LA COMTESSE DE GLARIS.

Que faut-il faire ?

(*On danse. D'Harcourt suit de l'œil tous les mouvemens de Richelieu.*)

D'HARCOURT , *à part.*

Un danger la menace!... tout pour la sauver.

RICHELIEU , *à demi-voix à la comtesse de Glaris.*

Comtesse, vous voyez cette agrafe de diamans que porte le Duc?

LA COMTESSE DE GLARIS.

Eh bien ?

RICHELIEU.

Il faut la lui dérober adroitement.

LA COMTESSE DE GLARIS.

La dérober!...

(*D'Harcourt s'est glissé du côté de Richelieu et de la Comtesse pour tâcher d'entendre ; Richelieu s'en aperçoit.*)

RICHELIEU , *au Page , qui se trouve près de lui.*

C'est un beau spectable qu'un bal !

D'HARCOURT.

Il est dommage qu'un Cardinal n'y serve à rien.

RICHELIEU.

Mais un bal peut lui servir à quelque chose.

(*La Reine et Buckingham dansent ensemble et se parlent bas ; le bal est dans sa plus grande activité ; la comtesse de Glaris est toujours près de Richelieu ; le Page est forcé de s'éloigner.*)

LA COMTESSE DE GLARIS , *à demi-voix.*

Vous disiez donc que ces diamans...

RICHELIEU.

Ont été donnés par une femme.

LA COMTESSE DE GLARIS.

Par une femme!... J'ai une rivale?...

RICHELIEU.

Bien dangereuse.

LA COMTESSE DE GLARIS.

Le perfide!...

RICHELIEU.

Faites ce que je vous dis , et leurs liens sont rompus à ja-mais.

LA COMTESSE DE GLARIS.

Il faut donc?

RICHELIEU.

Enlever ces diamans et me les remettre.

LA COMTESSE DE GLARIS.

Et si j'y parviens?...

RICHELIEU.

Il est forcé de partir.

Reine , Cardinal et Page.

LA COMTESSE DE GLARIS.

Comment cela?...

RICHELIEU.

Cette agrafe, vous dis-je, dans mes mains, à l'instant, et demain le Duc est sur la route de Londres avec vous, et sauvé d'un grand danger

LA COMTESSE DE GLARIS.

Vous l'aurez.

(*Richelieu s'éloigne, parle à d'autres dames, et ne s'approche plus de la Comtesse dont un seigneur est venu prendre la main, et qui figure dans la danse.*)

LA REINE.

Du courage, messieurs, que rien n'interrompe nos plaisirs.

(*La comtesse de Glaris, dans une passe, fait un mouvement de la main du côté de l'agrafe; D'Harcourt s'en aperçoit.*)

D'HARCOURT, *à part.*

C'est à l'agrafe qu'elle en veut!... Ah! je devine tout. (*Il s'approche de Buckingham.*) Milord..... ces diamans vont se détacher.

BUCKINGHAM.

Vous vous trompez.

(*La danse continue; Richelieu a vu que le Page a empêché d'enlever les diamans; il fait un geste de dépit. Dans un mouvement de la danse la comtesse de Glaris réussit à enlever l'agrafe de l'épaule de Buckingham, et la remet à Richelieu.*)

LA COMTESSE DE GLARIS, *bas.*

Il partira?

RICHELIEU, *bas.*

Dès ce soir!... (*Haut et avec joie.*) Il faut convenir qu'un bal est une bien belle chose.

BUCKINGHAM.

Je n'en ai jamais vu où l'on fût si gai, si heureux!

LA REINE.

Que nous avons bien fait de bannir l'étiquette pour aujourd'hui!... C'est la première fois que moi, pauvre reine, toujours contrainte, j'ai connu les plaisirs d'une jeune femme.

RICHELIEU.

Je vous assure que, moi aussi, je ne croyais pas qu'un bal pût m'amuser autant.

D'HARCOURT, *à part.*

Quelle expression de joie!...Ah! ils ont réussi!... l'agrafe a disparu!... Malheureuse Reine!...

LA REINE.

Allons!... une nouvelle sarabande.

D'HARCOURT , *s'approchant de Buckingham.*

Pardon !... je le disais bien à Votre Grâce tout-à-l'heure ,
l'agrafe de diamans ne tenait pas ; elle s'est détachée.

BUCKINGHAM.

Gand Dieu !

LA REINE , *avec un grand trouble.*

Cela n'est pas possible.

RICHELIEU, *d'un ton hypocrite.*

Qu'est ce donc? qu'a-t-on perdu ?

D'HARCOURT.

Des diamans d'un grand prix.

BUCKINGHAM.

Ah !... d'un prix inestimable... Tous mes trésors pour les
retrouver !...

LA REINE, *le contenant d'un regard.*

Ils se retrouveront, monsieur le Duc !... Il faudra bien
qu'ils se retrouvent.   (*On s'écarte, on cherche.*)

UN HUISSIER , *annonçant.*

Le souper de Sa Majesté est servi.

D'HARCOURT, *bas à Buckingham.*

Vous chercheriez en vain !...

BUCKINGHAM.

Comment ?

D'HARCOURT, *passant près de la Reine.*

(*Bas.*) L'agrafe est entre les mains du Cardinal.

LA REINE.

Je suis perdue !

D'HARCOURT, *à part.*

Quelle idée !... ah ! il faut la sauver à tout prix !

(*Il sort précipitamment.*)

RICHELIEU, *à part.*

Elle est tremblante !...(*Haut.*) Qu'avez-vous, Reine? vous
vous trouvez mal...

LA REINE.

Moi ! non, monsieur, non ! Je n'ai rien, que voulez-vous
que j'aie? de la fatigue peut-être? Je vais me reposer pendant
le souper, je n'y paraîtrai pas !... Allez, mesdames, je veux
rester seule un instant.

RICHELIEU , *avec ironie.*

La joie a bien vite disparu !...

BUCKINGHAM, *à la Reine.*

Remettez-vous...

LA REINE, *à demi-voix.*

On vous regarde! sortez.

RICHELIEU.

Obéissons à ce désir soudain de solitude qu'éprouve Sa Majesté : retirons-nous!... (*Avec intention.*) Voici bientôt l'heure où je dois travailler avec le Roi.

LA REINE, *à part*

Avec le Roi!...

RICHELIEU.

Daignez, madame, agréer nos respectueux hommages. (*A part en sortant.*) Son sort est dans mes mains.

(*Tout le monde se retire.*)

SCÈNE XI.

LA REINE, *puis* LA COMTESSE DE LANNOY.

LA REINE, *seule un moment.*

C'est Richelieu!... c'est lui! il veut me perdre, se venger!... que faire?... et personne, personne pour me secourir, pour m'aider de ses conseils.

LA COMTESSE DE LANNOY, *qui s'était tenue dans le fond.*

Ah!... madame...

LA REINE, *avec effroi.*

Comtesse!... vous aussi, vous m'écoutiez! vous !

LA COMTESSE DE LANNOY.

Je donnerais ma vie pour vous préserver d'un danger.

LA REINE.

Vous ne savez donc pas que je suis coupable?

LA COMTESSE DE LANNOY.

Je vois que vous êtes malheureuse.

LA REINE.

Oui!... bien malheureuse!... Mais coupable, le suis-je donc en effet? non! non!... Eh quoi! femme, je n'ai pas le droit d'accorder une affection innocente! Reine, je possède des trésors, et je ne peux disposer d'un inutile bijou!... ils se sont entendus, ligués!... Richelieu excitera la jalousie du Roi!...Ces cœurs glacés envient à mon ame un sentiment, une pensée, qui sort de ce cercle d'ennui et de phrases convenues!... S'ils m'avaient laissé une part de ce pouvoir qui les fatigue, ma vie n'eût pas été sans intérêt, sans but!... Mais non, rien!... Et quand je trouve un cœur qui me comprend, quand j'oublie un instant que je suis malheureuse, tout ce qui m'entoure se ligue contre moi pour me perdre!... (*Elle s'assied.*) Eh bien! qu'ils viennent, je les attends!... Je n'essaierai pas d'échapper à mon sort; je ne veux plus y penser.

LA COMTESSE DE LANNOY.

Ah! cette cruelle indifférence est celle du désespoir!...

Tout peut se réparer ; vous vous trompez... Ce n'est pas la haine, c'est l'amour qui conduit Richelieu.

LA REINE, *comme frappée d'une idée nouvelle.*

L'amour !...

LA COMTESSE DE LANNOY.

La jalousie ! .. voilà ce qu'il éprouve.

LA REINE, *se levant vivement.*

La jalousie !... l'amour !... Ah ! s'il était vrai ?...

LA COMTESSE DE LANNOY.

Vous n'en sauriez douter.

LA REINE.

Le Cardinal !... amoureux !... de moi !... Oh ! alors !... alors, je suis sauvée !... Appelez M. D'Harcourt. (*La Comtesse sort un instant.*) Puisse-t-elle ne pas se tromper !... Oh ! oui, elle a raison !... Ah ! monsieur le Cardinal, je me vengerai.

LA COMTESSE DE LANNOY, *rentrant.*

Madame, mon jeune cousin n'est pas là ; on assure l'avoir vu sortir courant comme un fou ; il s'est jeté sur un cheval, et est parti au galop

LA REINE.

Au moment où j'ai besoin de ses services !... mais vous, Comtesse, vous, ne pourriez-vous aller dans les salles voisines, où la foule est encore réunie, et prier le Cardinal de venir me parler à l'instant.

LA COMTESSE DE LANNOY.

J'y cours.

LA REINE.

Allez, il ne faut pas que Richelieu voie le Roi avant qu'il m'ait parlé.

LA COMTESSE DE LANNOY.

Tâchez d'obtenir de lui ces diamans...

LA REINE.

Oh oui, oui ! il faudra que je les obtienne !... Je me confie à vous, ma chère Comtesse.

SCÈNE XII.

LA REINE *seule.*

Il viendra ! essayons un peu mon empire !... Ah ! si je l'amenais à se déclarer, il serait en mon pouvoir !... Nous verrons !... Mais ce page ? où peut-il être allé ? Il paraissait souffrir pendant que le Duc était là !... et, en me rappelant maintenant ses paroles, ses actions, il me semble qu'il me défendait contre l'espionnage de Richelieu !... et moi, je le repoussais, je l'accusais !... Bon jeune homme !... Dieu !... le Roi !...

SCÈNE XIII.

LE ROI, LA REINE.

LE ROI, *entrant par la porte de gauche.*
Comment ! Reine , vous êtes ici, seule ?

LA REINE.
J'ai eu besoin de quelques instans de repos ; mais je vais rejoindre nos convives.

LE ROI.
Eh bien ! je vais paraître au bal avec vous.

LA REINE.
Avec moi !...

LE ROI.
Oui, et je me retirerai bientôt avec le Cardinal.

LA REINE , *à part.*
Ah ! s'il le voit avant moi, plus d'espoir !... (*Haut.*) Eh quoi ! travailler encore !... à cette heure !... ah ! Sire, je vous en prie, ménagez-vous davantage.

LE ROI.
Je me sens bien maintenant, et je veux parler à Richelieu

LA REINE , *à part.*
Que faire ? (*Haut.*) Le bal était charmant.

LE ROI.
Vous avez dansé ?

LA REINE.
Oui , Sire ; vous savez que j'aime ce divertissement.

LE ROI.
Et votre danseur était ?...

LA REINE.
L'ambassadeur d'Angleterre.

LE ROI.
Ah !...

LA REINE.
J'ai cru devoir cette distinction au caractère dont il est revêtu.

LE ROI.
Son départ n'est pas retardé ?

LA REINE.
Je ne le crois pas , Sire.

LE ROI, *à part.*
Ce Richelieu !... avec ses idées !...

LA REINE , *à part.*
Il a déjà des soupçons.

SCÈNE XIV.

LE ROI, LA REINE, LA COMTESSE DE LANNOY.

LA COMTESSE, *arrivant très-vite et s'arrêtant à l'aspect du Roi.*
Madame !...

LE ROI.
Eh bien ! qu'y a-t-il ?

LA COMTESSE.
Je venais annoncer à Sa Majesté que les danses vont recommencer. (*Bas à la Reine.*) Le Cardinal va venir.

LA REINE, *bas.*
Que résoudre ?

LE ROI.
Allons, madame.

LA REINE.
Encore un moment, Sire.

LE ROI.
Comme vous voudrez.

LA REINE.
J'ai déjà tant souffert de la chaleur.

LE ROI.
J'attendrai. (*Il s'assied à droite.*)

LA REINE, *à part.*
Quel supplice !

LA COMTESSE, *à part.*
Délivrons-la !...(*Haut.*) Ah ! Madame, si vous voyiez quels succès obtiennent au bal vos demoiselles d'honneur !... Mlle de Lafayette est aujourd'hui d'une beauté admirable !

LE ROI.
Ah !...

LA COMTESSE.
Et le duc de Luynes ne la quitte pas une minute.

LE ROI, *se levant, à part.*
Le duc de Luynes !... (*Haut.*) Décidément, je vais me rendre au bal : vous viendrez quand la fatigue dont vous vous plaignez le permettra.

LA REINE, *à part.*
Je respire !

LA COMTESSE, *à part.*
Je savais bien que je le forcerais à s'en aller.

LE ROI.
Ne nous faites pas attendre trop long-tems.
(*Il salue la Reine et sort.*)

LA REINE, *à la Comtesse.*

Vous dites donc qu'il va venir ici?... Mais s'il voyait le Roi ?
s'il lui parlait?... oh mon Dieu!...

LA COMTESSE.

Que Votre Majesté se rassure!... j'entends le Cardinal.

LA REINE.

Ah! tout n'est pas perdu!.. . Chère Comtesse, laissez-nous
seuls. (*A elle-même.*) Allons, il faut tenter de combattre le sort.

SCÈNE XV.

LA REINE, RICHELIEU. *La Comtesse l'introduit et
se retire.*

RICHELIEU, *à part, en entrant.*

Que va-t-elle dire ?

LA REINE, *à part.*

Le voilà ! (*Elle s'assied à droite.*)

RICHELIEU.

Madame, vous voyez mon empressement à me rendre à vos
ordres : qu'il vous soit garant d'un dévoûment sans bornes.

LA REINE.

Je vous remercie, monsieur le Cardinal.

RICHELIEU, *à part.*

Oh oh!... comme elle est gracieuse !

LA REINE.

Vous parlez de votre dévoûment, et pourtant jai plus d'une
fois eu lieu d'en douter.

RICHELIEU.

Vous, madame?...

LA REINE.

Oui, et je ne cache pas que ce doute m'affligeait.

RICHELIEU, *à part.*

Ah! voici le combat qui s'engage! (*Haut.*) Votre Majesté
semblait y attacher peu de prix.

LA REINE.

C'est en quoi vous vous trompiez.

RICHELIEU.

Je me trompe rarement sur ce qui se passe au fond des cœurs,
même quand les paroles cherchent à le dissimuler.

LA REINE.

Je vous assure que vous étiez dans une grande erreur.

RICHELIEU.

Il me serait bien doux d'y renoncer.

LA REINE.

Oui, vos dispositions à mon égard m'ont souvent occupée.

RICHELIEU.

Il serait possible?...

LA REINE.

Et je n'ai pu résister au désir d'avoir aujourd'hui même une
explication avec vous à ce sujet. Veuillez vous asseoir.

RICHELIEU, *à part.*

Nous y voilà !

LA REINE.

Si je dois en croire ce que vous dites, vous serez satisfait,
je pense, de trouver une occasion de me convaincre de vos
sentimens.

RICHELIEU.

Ce serait pour moi un bonheur véritable.

LA REINE.

Je désirerais donc...

RICHELIEU, *à part.*

Vraiment je le sais bien ce qu'on désire. (*Haut.*) Vous dé-
sirez, madame?...

LA REINE, *à part.*

Je ne sais comment lui dire?

RICHELIEU, *à part.*

Voyons de quelle façon elle y viendra.

LA REINE.

Je vous le répète, monsieur le Cardinal, je suis inquiète
de vos dispositions pour moi ; vous avez pu le remarquer.

RICHELIEU.

Tout à l'heure, il est vrai, j'ai cru voir une anxiété cruelle
se peindre sur un bien beau visage ; mais, s'il faut tout dire,
je n'ai pas pensé être le mortel heureux qui troublait ainsi votre
tranquillité.

LA REINE.

Souvent une préoccupation de l'esprit fait voir les choses
sous un aspect bien éloigné de la vérité.

RICHELIEU, *avec une feinte bonhomie.*

Je suis tout-à-fait de votre avis.

LA REINE, *avec un embarras mal déguisé.*

Ne se pourrait-il pas que, dans le badinage le plus innocent,
on trouvât les moyens de nuire à la personne qui le mériterait
le moins ?

RICHELIEU.

Cela s'est vu.

LA REINE.

Si une bagatelle sans conséquence, passant dans des mains
malveillantes, pouvait causer à une femme de grands chagrins, celui qui... réellement... aurait pour elle quelque at-

tachement , ne devrait-il pas lui épargner toute inquiétude à ce sujet? (*Elle regarde Richelieu qui n'a pas l'air de la comprend e.*) Vous ne répondez pas?

RICHELIEU.

J'attends, madame.

LA REINE.

Eh bien, monsieur, si le hasard, car je ne veux supposer aucun mauvais dessein, vous avait mis à même de me rendre un service de ce genre?

RICHELIEU.

Je ne comprends pas.

LA REINE, *à part.*

Il ne veut pas m'entendre!... (*Haut.*) Mais enfin si vous étiez le maître de mon repos?

RICHELIEU.

Moi!... daignez vous expliquer...

LA REINE, *avec un mouvement d'impatience.*

Que je m'explique!... j'y consens : celui qui, par hasard, ou autrement, posséderait une chose, peu importante par elle-même, mais qui cependant pourrait compromettre une femme aux yeux de son époux, et qui ne s'empresserait pas de la lui rendre, celui-là certes aurait de bien méchans projets.

RICHELIEU, *avec une bonhomie affectée.*

Quoi donc!... Si je comprends bien, un objet sans importance, détourné de sa destination, excite cette inquiétude si vive que je lis sur vos traits, ordinairement si calmes, et toujours si beaux?

LA REINE.

Vous vous trompez, cela me trouble fort peu, en vérité.

RICHELIEU.

Ah!... il serait bien coupable, bien digne de colère, celui dont les mains infidèles n'auraient pas su garder un gage de vos bontés pour lui.

LA REINE, *à part.*

L'insolent!... (*Haut.*) Vous pensez cela?

RICHELIEU.

Oh! ce serait indigne!... Et cela vous rendrait malheureuse?

LA REINE, *commençant à s'emporter.*

Oui, je suis malheureuse!... et mille fois plus que qui que ce soit au monde ; mais c'est de ne voir autour de moi que des cœurs faux et perfides, c'est d'être obligée de me défier sans cesse, d'être toujours craintive, isolée, sans appui, ne trouvant que des ennemis dans ceux-là même que ma bonté admet à partager les honneurs et les plaisirs de mon rang.

RICHELIEU.

Des ennemis?... Qui donc?

LA REINE.

Vous!

RICHELIEU.

Moi, grand Dieu!... Vous me soupçonnez!...

LA REINE, *plus calme.*

Oui, monsieur le Cardinal!... Ce n'est point assez que vous ayiez éloigné de moi le cœur du Roi ; que vous ayiez séduit son esprit au point de posséder seul le pouvoir qu'il devait exercer ; enfin, il ne vous suffit pas de régner en son nom!...

RICHELIEU.

Ah!...

LA REINE.

Il faut encore que moi, faible femme, reine sans puissance, épouse sans amour, je voie mes innocens loisirs, mes affections de famille, mes amitiés devenir l'objet de persécutions continuelles.

RICHELIEU.

Eh quoi! madame, vous m'accusez!... moi!...

LA REINE, *avec colère, se levant.*

En secret depuis long-tems!... mais l'artifice me devient important, et je m'explique enfin sans détours. Pour mieux abuser encore de votre empire sur un trop faible monarque, vous l'avez séparé de sa mère ; vous voulez plus aujourd'hui... Le séparer de moi, voilà votre but

RICHELIEU, *un peu effrayé.*

Moi, juste ciel!....

LA REINE.

Oui, vous!... Et votre perfidie doit se servir d'un vain prétexte de jalousie pour me perdre... au nom du duc de Buckingham.

RICHELIEU.

Le croyez-vous réellement, madame?

LA REINE.

Mais une reine de France tomberait de trop haut pour que celui qui la pousserait ne fût pas entraîné dans sa chute!.... Et vous retirerez peu de fruit de votre aveugle haine!... Voilà, monsieur le Cardinal, ce qu'Anne d'Autriche avait à vous dire.

RICHELIEU.

Madame, au nom du ciel et de la justice, écoutez un accusé!... vous ne pouvez ainsi le condamner sans l'entendre.

LA REINE.

Et qu'avez-vous à dire?

RICHELIEU.

Je reviens à peine de ma surprise !... Vous parlez de haine,
de projets contre vous?... Mon Dieu! qu'on est à plaindre,
qu'on est mal jugé, et que les choses se montrent sous un aspect différent, suivant qu'on les regarde d'un ou d'autre côté!

LA REINE.

Comment?

RICHELIEU.

Oh! oui !... Mais, quelle que soit la diversité des opinions,
il n'est pourtant venu à l'esprit de personne que la haine pût
se placer dans un cœur à côté du nom de la reine de France.
On a osé dire bien des choses, mais celle-là on ne l'imagi-
nerait pas.

LA REINE, *d'un ton dédaigneux.*

Et que dit-on?

RICHELIEU.

On dit... mais je ne sais si je peux le répéter!.. Il est vrai
qu'en voyant une reine si belle, si jeune, si gracieuse, on oublie qu'elle est reine pour se souvenir qu'elle est femme, et
l'on pense alors qu'une couronne ne défend pas toujours contre
l'amour.

LA REINE.

L'amour !...

RICHELIEU.

On pense qu'il doit naître dans le cœur de tous ceux qui la
voient, et peut devenir une passion violente chez ceux qui ont
le bonheur de l'approcher.

LA REINE, *à part, comme se sentant soulagée.*

Ah !

RICHELIEU.

Ils disent donc.... (car la ville et la cour parlent sans preuves, et, si vous ne l'exigiez, je ne rapporterais pas ces vains
bruits qui m'ont plus plus d'une fois effrayé), ils disent que
l'austère dignité du sacerdoce et mon respect pour la Reine me
font seuls renfermer dans mon cœur un sentiment qui l'irrite
et le dévore; ils disent... (ce sont eux qui parlent ainsi) que
jaloux, même du Roi, je voudrais...

LA REINE, *à part.*

Il y vient enfin !...

RICHELIEU.

Je crains de continuer...

LA REINE, *souriant.*

Non, non!.... Je veux tout savoir; car il me semble, en
vérité, que le public dit de singulières choses.

RICHELIEU.

Il ose ajouter que je n'enlève à la faiblesse du Roi un pouvoir dont il n'est pas capable d'user, que pour le confier aux lumières d'un esprit supérieur à son âge comme à son sexe.

LA REINE.

Ah !... le public dit cela ?

RICHELIEU.

Il dit encore qu'animée par mes ennemis et par ses préventions, la Reine, fière et dédaigneuse, joint pour moi aux douleurs d'un sentiment sans espérance, des procédés si durs, si injustes, que mon ame irritée cherche à se venger de ses vives souffrances, en la tourmentant quelquefois un peu dans ses plaisirs ou dans ses caprices.

LA REINE.

Mais tout cela serait-il donc possible ?

RICHELIEU.

Cela se répète chaque jour.

LA REINE.

Vous me surprenez étrangement !.... Je ne conçois guère qu'on vous accuse de m'aimer.

RICHELIEU.

Cela est si concevable quand on vous a vue !

LA REINE.

Il faut avoir une grande envie de trouver des coupables.

RICHELIEU.

Il est si facile de le devenir.

LA REINE.

On n'a aucune preuve de cet amour prétendu.

RICHELIEU.

Vous croyez bien à ma haine.

LA REINE.

Oh ! c'est différent.

RICHELIEU.

Il vous serait plus difficile d'en trouver la raison.

LA REINE.

Difficile ?.... Je ne le pense pas.

RICHELIEU.

Puisque les preuves que vous croyez avoir de ma haine sont justement celles qu'on donne de mon amour.

LA REINE, *souriant.*

Voilà un procès embarrassant à juger.

RICHELIEU, *à part.*

Elle m'a écouté sans colère.

LA REINE.

Qui se trompe du public ou de moi ?

RICHELIEU.

Le public ne se trompe guère.

LA REINE.

Mais, monsieur le Cardinal, vous blâmez tous mes amuse-
mens.

RICHELIEU.

Quand je ne peux pas les partager.

LA REINE.

Vous en voulez à tous ceux que j'aime.

RICHELIEU.

Comment ne pas être envieux ?

LA REINE.

Vous résistez à toutes mes volontés.

RICHELIEU.

Daignez me donner un ordre, et vous verrez.

LA REINE.

J'ai bien envie de vous prendre au mot.

RICHELIEU.

J'écoute… Votre Majesté hésite ?

LA REINE.

Il est dangereux de commander : on peut trouver si vite les
limites de son pouvoir.

RICHELIEU.

Celui de la beauté n'en a pas.

LA REINE.

Vous consentiriez ?….

RICHELIEU.

A quoi ? madame.

LA REINE.

Vous ne devinez pas ce qu'en ce moment je peux exiger de
vous ?

RICHELIEU.

Et si je devinais ? si j'obéissais ?… que gagnerais-je ?

LA REINE.

Amis… ou ennemis.

RICHELIEU.

Ami !…. Ce mot est bien doux !…. Mais n'est-il pas un
homme….?

LA REINE, *vivement.*

Il partira !… Une imprudence a failli me coûter trop cher !…
Il faut qu'il parte !…

RICHELIEU.

Eh bien ! vous l'emportez !… mais une amitié sincère ?….

LA REINE.

Sincère !…. (*A part.*) Nos victoires, à nous autres pauvres femmes, nous coûtent toujours quelque chose. (*Richelieu met la main à sa poche pour en tirer l'agrafe, et il s'approche de la table; il se trouve ainsi caché par le dossier de la grande chaise à gauche.*)

RICHELIEU.

Soyez donc satisfaite! (*On le voit prêt à poser l'agrafe sur la table; Buckingham entre précipitamment.*) Ah! Buckingham!... (*Il demeure caché par le dossier de la chaise.*)

SCÈNE XVI.

LA REINE, BUCKINGHAM, RICHELIEU.

BUCKINGHAM.

Pardon, Madame, si j'entre sans me faire annoncer!... Le Roi danse, le damné Cardinal a disparu, et j'accours...

LA REINE, *troublée.*

Vous, milord!...

BUCKINGHAM.

Un seul mot!... car la foule va bientôt arriver jusque dans cette salle!... Ah! Richelieu a justifié toute votre haine.

LA REINE, *embarrassée.*

Mais... je ne le hais pas!

BUCKINGHAM.

Et votre mépris pour son ridicule amour. Apprenez que la comtesse de Glaris, inspirée par ce méchant homme, parlait à l'instant même au Roi de ces diamans...

LA REINE.

Grand Dieu!

BUCKINGHAM.

Quel effroi!... Vous voir souffrir!... vous!... Oh! non, non!... ma vie, s'il le faut, pour épargner une minute de tourment à celle que j'adore.

LA REINE.

Un tel langage!... ici!... en ce moment!...

BUCKINGHAM.

Tout est-il donc désespéré?... Quelle preuve?...

LA REINE.

Cette agrafe...

BUCKINGHAM.

Peut se remplacer.

LA REINE.

Non... C'est un présent du Roi; il n'en existe qu'une semblable, et Cardillac ne la cédera pas.

BUCKINGHAM.

Ah! si je l'avais su!...

LA REINE.

Richelieu me perdra !

BUCKINGHAM.

N'auriez vous pu, par quelque feinte amitié ? .. vous en aviez l'espoir !...

LA REINE.

Moi !... je n'ai pas dit cela !

RICHELIEU, *qui a remis l'agrafe dans sa poche, à part.*

Ah ! je serai vengé !

LA REINE.

Voici le Roi !

SCÈNE XVII.

BUCKINGHAM, LE ROI, RICHELIEU, LA REINE, LA COMTESSE DE LANNOY, LA COMTESSE DE GLARIS, TOUTE LA COUR, *puis* D'HARCOURT.

LE ROI.

Que vois je ?... ici sans vos femmes !... avec milord !...

LA REINE, *écartant la chaise.*

Et monsieur le Cardinal.

LE ROI.

Ah !...

BUCKINGHAM, *à part.*

Il était là !... (*Il rit.*)

RICHELIEU.

Sa majesté avait désiré me parler pour une affaire particulière.

LE ROI.

Et monsieur le Duc ?...

BUCKINGHAM.

Est venu dire un dernier adieu.

LE ROI, *examinant la toilette de la Reine.*

Tantôt elle avait cette agrafe ! .. on ne m'a pas trompé.

RICHELIEU.

Au moment où Votre Majesté est entrée, Sire, la Reine se proposait de reparaître au bal : son retard a été causé par certain bijou...

LE ROI.

Qui donnait peut-être à madame de justes inquiétudes.

LA REINE.

Plus d'espérance !... (*Elle tombe effrayée sur le fauteuil près de la table à gauche; en ce moment D'Harcourt se glisse au milieu de la foule, et place furtivement sur cette table un petit écrin ouvert.*)

D'HARCOURT, *à demi-voix.*

Madame !...

LA REINE, *apercevant l'écrin dans lequel est l'agrafe.*

Ah !...

D'HARCOURT, *à demi-voix.*

Cardillac n'a pu me résister. (*Il recule et se mêle à la foule.*)

LE ROI.

Eh bien ! madame ?...

BUCKINGHAM.

La Reine semble souffrir ?...

LA REINE, *qui a vivement mis la main sur l'agrafe.*

Moi ?... non, non !... je me sens bien au contraire, très-
bien !... (*Elle se lève.*) Pardonnez-moi, Sire... que disiez-vous
donc ?

LE ROI.

Que le bal va continuer, et que j'attends que vous ayiez ajouté
à votre parure l'agrafe précieuse et unique dont je vous ai fait
présent.

RICHELIEU, *à part.*

Voilà le moment difficile !

BUCKINGHAM, *à part.*

Que faire ?

LA REINE, *attachant l'agrafe à son corsage.*

Je m'empresse de me conformer à vos désirs.

LE ROI.

Ah !...

RICHELIEU, *à part.*

Je suis pris !

BUCKINGHAM, *à part.*

Elle est sauvée !

LE ROI, *bas à Richelieu.*

Ah ça ! Cardinal, que signifie une semblable accusation !

RICHELIEU.

On peut être trompé, Sire !

LE ROI, *bas.*

Soupçonner la Reine !... vous mériteriez...

LA REINE.

Monsieur le Cardinal ne paraît pas à son aise !... qu'a-t-il
donc ?

RICHELIEU.

Rien, madame !... j'avoue ma défaite et je m'incline devant mon vainqueur.

LA REINE.

Ma victoire n'est point inexorable. Rentrons-nous au bal.
Sire ?

Reine, Cardinal et Page.   6

LE ROI.

Sans doute !... qu'il se prolonge jusqu'au jour, et que Sa Grâce le duc de Buckingham y partage nos plaisirs.

LA REINE, *appuyant sur ces paroles.*

Et que demain, en quittant la France, il ne conserve que le souvenir de l'amitié du Roi.

BUCKINGHAM.

Qu'il me soit permis de ne rien oublier.

RICHELIEU, *à part.*

Désormais personne n'approchera plus d'elle.

LE ROI, *à part.*

J'étais bien sûr de la vertu de la Reine. (*D'Harcourt s'est rapproché de la Reine ; elle jette sur lui un regard de tendre intérêt et lui donne mystérieusement sa main, qu'il porte à ses lèvres.*)

LA REINE.

Pauvre enfant !...

(*On s'achemine pour rentrer au bal ; la toile tombe.*)

FIN.

www.ingramcontent.com/pod-product-compliance
Lightning Source LLC
LaVergne TN
LVHW011407170726
843501LV00006B/2065